L'ESPIONNE EN CACHETTE

L'auteur

Barbara Park naît en 1947 dans le New Jersey, aux États-Unis. Aujourd'hui, elle vit en Arizona avec son mari. Elle ne s'est mise à écrire que vers l'âge de trente ans, mais elle a déjà reçu plus de 40 récompenses pour ses livres.

Suzie la chipie

Barbara PARK

L'espionne en cachette

Traduit de l'anglais
par Nathalie Zimmermann
et adapté par Sophie Dieuaide

Illustrations de Corinne Bongrand

POCKET
jeunesse

Titre original :
Junie B. Jones and some Sneaky Peeky Spying

Publié pour la première fois en 1994
par Random House, Inc., New York,
et simultanément au Canada
par Random House of Canada Limited, Toronto.

Loi n° 49-956 du 16 juillet 1949 sur les publications
destinées à la jeunesse : mai 2004.

ISBN 2-266-11922-2

À mon éditrice, Linda Hayward,
meilleure copine de Suzie-B.
dans la vraie vie !

1

Espionner…

Je m'appelle Suzie-B. Joly. Le B, c'est la première lettre de Béatrice. Je n'aime pas ce prénom-là mais le B tout seul, j'adore !

Moi, je vais à la maternelle. La maternelle, c'est l'école d'avant la grande école. Sauf que je ne sais pas même pourquoi ça s'appelle la maternelle. C'est un peu bête, comme nom. Moi, je trouve que ça serait mieux de l'appeler la petite école !

Ma maîtresse s'appelle Madame.

Elle a aussi un autre nom mais je ne m'en souviens jamais. Et puis, j'aime bien dire Madame tout court.

Madame a des cheveux bruns pas très longs. Et aussi de grandes jupes en laine. Et elle sourit tout le temps.

Sauf, des fois, quand je fais du bruit. Alors là, elle tape très fort dans ses mains en me regardant.

Avant, ça me faisait un peu peur, maintenant, je suis habituée. Et je ne fais plus trop attention.

Je voudrais bien que Madame habite à côté de chez moi.

On serait des voisines.

Et aussi, on serait des copines.

Et alors, je pourrais l'espionner.

Espionner, c'est quand on ne fait pas de bruit du tout et qu'on observe les gens par un petit trou dans un mur ou quelque chose comme ça.

Moi, je suis très bonne pour espionner.

C'est parce que je sais marcher comme un chat ! Et que mon nez ne fait pas de bruit quand je respire !

Vendredi matin, chez mon papy Jean, je me suis cachée dans le panier de linge sale.

Mon papy est entré dans la salle de bains. Alors, tout doucement, j'ai soulevé le couvercle. À peine. Juste pour regarder en cachette ce qu'il faisait.

Et vous savez quoi ?

Papy Jean a retiré d'un coup toutes ses dents de sa bouche ! Voilà ce qu'il a fait !

J'ai sauté du panier.

— Eh, Papy ! ai-je crié. Comment tu fais un truc pareil ?

Il a poussé un de ces cris ! Et il est sorti de la salle de bains comme une fusée !

Je crois bien que papy Jean a le cœur qui bat trop vite.

Peu après, maman est venue dans la salle de bains. Ses chaussures faisaient un clap-clap énervé. Elle a crié :

— Suzie-B. ! Ça suffit, maintenant ! Tu arrêtes d'espionner ! C'est la dernière fois que je te le dis ! Tu m'entends ?

— Oh, pour ça, oui ! ai-je répondu. Tu me cries en plein dans l'oreille !

Alors maman m'a ramenée dans notre maison à nous. Mais elle était encore en colère contre moi.

— Trouve-toi quelque chose de tranquille à faire, Suzie-B. ! m'a-t-elle ordonné. Quelque chose de calme ! Ton petit frère a besoin de dormir !

J'ai réfléchi et réfléchi encore et j'ai eu une chouette bonne idée !

D'abord, j'ai retiré mes chaussures qui font du bruit…

Et puis je suis entrée sur la pointe des pieds, en chaussettes, dans la chambre de bébé d'Hugo.

Et je l'ai espionné à travers les barreaux de son lit.

Parce que c'est tranquille et calme, ça, espionner quelqu'un en secret !

Mais c'était ennuyeux car ce ramolli de bébé ne faisait que dormir.

Et il n'était pas drôle du tout.

C'est pour ça que, sans faire exprès, je lui ai soufflé sur la figure.

Et que je lui ai chatouillé le bout du nez avec un ruban.

Et que je lui ai crié : « Réveille-toi ! » dans l'oreille.

Et vous savez quoi ? Mon petit frère a ouvert les yeux !

Il s'est mis à pleurer tellement fort que maman est arrivée en courant dans sa chambre.

Mais elle m'a même pas vue !

Parce que je me suis vite cachée dans le placard.

J'ai souri dans le noir. Et je me suis dit dans ma tête que j'étais la championne du monde des espionnes.

Voilà pourquoi, le lendemain dans le car de l'école, j'étais assez contente de le dire.

— Je suis la médaille d'or des espionnes ! ai-je expliqué à ma meilleure copine qui s'appelle Chloé.

J'ai retiré mes chaussures et je lui ai montré mes pieds en chaussettes.

— Tu vois ? Comme ça, ils ne font pas de bruit... On ne peut presque jamais les entendre !

Après, j'ai respiré pour lui montrer.

— Et tu vois ? Mon nez ne siffle pas du tout !

Chloé a rigolé.

— Moi aussi, je suis forte pour espionner ! m'a-t-elle dit.

Je lui ai donné des petites tapes sur l'épaule.

— Oui mais c'est dommage pour toi, Chloé ! Parce que tu ne peux pas être aussi fortiche que moi. Je l'ai dit la première !

Alors elle s'est énervée, elle a soufflé dans ma figure.

— Ah ! Tu vois ? lui ai-je dit. J'ai entendu ton nez siffler !

À ce moment-là, le car s'est garé devant mon école maternelle. Alors Chloé et moi, on a fait la course jusque dans la cour.

Bon, elle a gagné. Sauf que ça comptait pour du beurre parce que je ne faisais pas vraiment la course.

Et puis on a joué au cheval avec mon autre meilleure copine qui s'appelle Lucille. Mais la sonnerie a sonné drôlement vite. On s'est précipitées aussitôt dans ma classe numéro neuf.

Madame nous attendait devant la porte.

— Bonjour, jeunes filles ! nous a-t-elle accueillies.

— Bonjour, jeune fille ! ai-je répondu bien poliment.

Alors Madame m'a souri.

Parce que c'est la maîtresse la plus gentille que j'ai jamais vue.

J'aimerais bien qu'elle et moi, on soit des meilleures copines.

Et vous savez quoi ?

J'aimerais bien me cacher dans son panier de linge sale !

2

Des questions, encore des questions...

Ma meilleure copine Lucille et moi, on est voisines de table. Ça veut dire que sa table est juste à côté de la mienne.

Ma table à moi, c'est là où je reste assise bien droite.

Et où je fais mon travail.

Et où je ne parle pas à ma voisine.

Sauf que ça, j'oublie tout le temps.

— Je me demande où habite Madame… ai-je chuchoté à Lucille.

— Chuuuuut ! m'a répondu Lucille. On n'a pas le droit de parler sinon… on se fait gronder ! Et t'as pas le droit de savoir où elle habite. Parce que c'est un secret !

— Pourquoi ? lui ai-je demandé. C'est qui qui t'a dit ça ?

— Mon frère ! Et il est en CE2, mon frère ! Et il jure que les maîtresses ne peuvent jamais dire où elles habitent. Pour pas que les gosses aillent lancer des tomates pourries sur leur maison !

— Ça ne va pas, la tête ! Moi, je ne veux pas lancer des tomates pourries, Lucille ! Je veux juste me cacher dans son panier à linge, c'est tout.

— Je m'en fiche ! m'a-t-elle répondu. T'as pas le droit de savoir quand même ! Parce que c'est mon frère qui l'a dit. Et il sait plus de choses que toi. Na !

J'ai pris mon air pas content et je lui ai déclaré :

— C'est pas beau de dire *je m'en fiche*, Lucille !

Et aussi, je lui ai montré mon poing. Mais Madame m'a vue. Alors je l'ai desserré.

Après ça, j'ai été sage comme une image. Je me suis tenue vraiment bien droite. Et j'ai fait tout mon travail.

Le *travail*, c'est quand on réfléchit et qu'on a un crayon dans la main.

Seulement, des fois, quand je travaille, je gomme trop fort. Et ça fait de gros trous dans le papier.

— Eh ! Regardez ! ai-je crié. Regardez comme c'est beau ce que j'ai fait aujourd'hui ! Parce que, vous savez quoi ? Il n'y a même pas de trou. Voilà !

Madame est venue à ma table. Elle a écrit *très bien* sur un coin de ma feuille et elle a ajouté :

— Beau travail, Suzie-B. ! Je pourrais l'accrocher au mur pour le Jour des Grands-Parents, lundi prochain ? Tu veux bien ?

— Oui, oui... ai-je répondu. Seulement... je n'arrête pas d'oublier pourquoi les papys et les mamies vont tous venir ici ?

Alors Madame m'a encore expliqué le Jour des Grands-Parents.

Elle a dit qu'ils viendraient nous faire une petite visite. Et qu'on leur montrerait notre classe numéro neuf. Et aussi qu'on préparerait un buffet avec de bonnes choses à manger !

Madame a dit qu'il y aurait des gâteaux et des *fraîchissements*.

J'ai levé la main.

— Oui, mais je ne crois pas que j'aurai le droit de boire du *fraîchissement*, moi, parce que j'ai le droit de boire seulement du lait et du jus de fruits et c'est tout !

Madame a regardé le plafond. Alors moi aussi, j'ai regardé mais il y avait rien à voir.

— Qui pourra apporter des gâteaux, lundi ? a demandé Madame.

— MOI ! MOI ! ai-je crié. Parce que ma mère fait les meilleurs gâteaux du monde, c'est pour ça ! Sauf… sauf la fois où elle les a un peu oubliés dans le four et que les pompiers sont venus en courant dans notre maison…

Madame a rigolé. Pourtant, ce n'était pas drôle.

Après, elle m'a donné un mot pour maman. Pour qu'elle fasse des gâteaux, je crois.

— Si ta maman a des questions, qu'elle n'hésite pas à m'appeler ! m'a dit Madame.

À ce moment-là, j'ai eu vraiment une très bonne idée !

— Eh ? Ma maman et moi, on pourrait porter les gâteaux chez vous ? Comme ça je verrais où vous habitez !

Madame a décoiffé mes cheveux.

— Tu n'as pas besoin de venir chez moi, Suzie-B. Apporte simplement les gâteaux à l'école lundi matin.

Alors j'ai fait un très gentil sourire.

— Oui... mais je voudrais bien savoir quand même où vous habitez !

Madame ne m'a pas répondu, elle s'est tournée pour aller à son bureau.

Je l'ai suivie.

— Est-ce que vous avez une super maison qui coûte cher, ou une maison normale ? lui ai-je demandé. Parce que moi, j'ai une maison normale. Mais maman, elle voudrait bien une super maison. Et mon papa, il lui dit : *On peut toujours rêver !*

Madame a montré ma chaise. Ça veut dire « Va t'asseoir », je crois.

— Oui... mais... est-ce qu'il y a un papa avec vous dans votre maison ? Est-ce que vous avez sa photo dans votre sac ? Je peux la regarder ?

Madame m'a prise par la main. Et puis on est retournées toutes les deux à ma table.

— Mais j'ai une autre question, moi ! lui ai-je encore dit. Je me demande quand c'est votre heure d'aller au lit. Parce que mon heure à moi, c'est quand la petite aiguille est sur le huit et la grande sur le six. Mais je déteste cette nullité d'heure d'aller

SECRETS

au lit ! Parce que je ne suis jamais fatiguée pour me coucher, moi !

Madame a mis un doigt sur sa bouche. Et elle m'a dit :

— Cela suffit, maintenant Suzie-B. ! Je suis sérieuse ! Je veux que tu t'asseyes !

Elle est retournée devant la classe. Et elle n'a même pas répondu à mes questions.

Parce que vous savez quoi ?

Madame, elle adore faire plein de mystères. C'est pour ça !

3

Tout plein de mystères !

Ma meilleure copine Chloé et moi, on a pris le car ensemble.

C'est là que je lui ai parlé de Madame et de sa maison super secrète.

— La maîtresse a fait plein de mystères, lui ai-je dit. Elle n'a pas voulu répondre à mes questions. Et maintenant, je suis encore plus curieuse de savoir des choses sur elle !

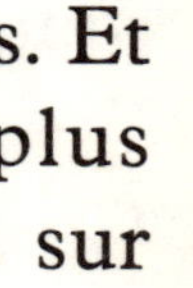

Chloé a froncé les sourcils et elle m'a dit :

— Moi aussi, maintenant, je suis curieuse de savoir des choses sur elle !

Je lui ai donné des petites tapes sur l'épaule.

— Oui, mais dommage pour toi, Chloé ! Parce que tu ne peux pas être aussi curieuse que moi. Parce que c'est moi qui l'ai dit en premier !

Et elle m'a encore soufflé dans le nez !

Tout de suite après, je suis descendue du car. Et j'ai couru chez moi.

— Mamiiiie ! Mamiiiie ! ai-je crié. C'est moi ! C'est Suzie-B. Joly, mamie ! Je suis rentrée de l'école !

Mamie Louise nous garde, le bébé Hugo et moi, quand maman travaille.

Ma grand-mère était dans la cuisine en train de donner à mon petit frère de la purée d'épinards.

— Tu sais quoi, mamie ? Tu sais quoi ? Ma maîtresse fait plein de mystères ! Et elle ne veut pas me dire où elle habite ! Mais, moi, j'ai super envie d'aller chez elle !

Ma mamie Louise m'a fait :

— Chuuuut... Tu n'as pas besoin de hurler, Suzie-B. Je suis juste à côté de toi !

— Oui, mais je ne peux pas m'en empêcher, mamie ! Parce que je suis trop curieuse de savoir des choses sur elle, moi !

Mamie Louise m'a souri. Et elle a dit :

— La curiosité est un vilain défaut… tu sais ça ?

Ma bouche s'est ouverte toute grande et mes yeux sont devenus tout ronds.

— Pourquoi c'est des faux, mamie ? Moi, c'est pour de vrai que je suis curieuse de ma maîtresse ! Et puis ce n'est pas vilain ! Moi, je veux qu'elle soit ma copine. C'est pas vilain, ça ! C'est gentil ! Ça veut dire que je ne suis pas vilaine et pas menteuse. Alors pourquoi t'as dit ça, mamie ?

Mamie Louise m'a regardée très longtemps. Et puis elle est allée près de l'évier et elle a pris une aspirine.

C'est à ce moment-là que j'ai entendu du bruit à la porte.

Maman rentrait de son travail !

— Maman ! Maman ! J'ai un mot super important pour toi ! Madame a dit que toi et moi, on va faire des gâteaux délicieux ! Et même qu'après,

on pourra les porter chez elle pour voir où elle habite !

Maman a lu le mot.

— Il est écrit que nous devons apporter les gâteaux à l'école, Suzie-B... Pas chez ta maîtresse...

— Oui ! Mais ça, je le sais déjà ! Seulement, ma maîtresse, elle fait des tas de mystères. Et elle ne veut pas me dire où elle habite ! Alors il faudra qu'on trouve toutes seules !

Maman a fait non avec la tête. Et elle a dit :

— Pas question, mon chou !

— Si ! Si ! Question ! ai-je crié. On est o-bli-gées ! Parce que maintenant, je suis trop curieuse à l'intérieur de moi ! Alors il faut que je trouve sa maison ! Sinon mamie Louise et moi, on va dire des tas de trucs vilains et même des faux !

Ma maman a regardé ma mamie en fronçant les sourcils. Et mamie Louise a pris une autre aspirine.

— Ta maîtresse ne fait pas de mystères, Suzie-B… a dit maman. Elle vit normalement, avec une famille normale, et il n'est pas question d'aller chez elle !

J'ai tapé du pied.

— Si ! Si, on va y aller ! On va y aller parce que je veux ! Et puis c'est tout !

Après, on m'a envoyée dans ma chambre.

Parce qu'il ne faut pas crier. Ni taper du pied.

J'ai claqué ma porte avec plein de colère. J'ai mis ma tête sous mon oreiller et, tout bas, j'ai dit que maman était rien qu'une tête de cochon !

Et puis vous savez quoi ? J'ai dit aussi :

— Même pas vrai ! Les maîtresses, c'est même pas des dames normales !

Et toc ! Non mais !

4

Au supermarché...

Le jour d'après, c'était samedi.

Le samedi, c'est le jour où maman et moi, on va au supermarché.

Il y a des règles pour moi là-bas.

Je n'ai pas le droit de crier : « Je veux une glaaace ! »

Et pas le droit non plus de traiter ma maman de super radin si elle ne veut pas m'en acheter une.

Et pas le droit de manger un paquet de chamalows dans les rayons.

Sinon le directeur du magasin te l'arrache des mains et il te dit : « *Manger, c'est la même chose que voler, mademoiselle !* »

Et puis il t'emmène voir ta maman. Et il faut qu'elle paie tout le sac. Sauf que je ne comprends pas pourquoi, parce que j'en ai mangé que trois, de ces trucs tout mous ! Trois, et c'est tout !

Les Caddies du supermarché ont des sièges. C'est pour asseoir les bébés. Mais ce n'est pas pour moi. Parce que les grandes filles marchent toutes seules.

Et puis vous savez quoi ? Une fois, ma maman m'a laissée pousser le grand Caddie toute seule.

Sauf qu'alors, il y a des boîtes de haricots qui sont tombées des étagères. Et puis mamie Louise s'est coincé le pied dans la roue de mon grand Caddie. Alors, maintenant, il faut que j'attende d'être encore plus grande.

Le rayon que je préfère, c'est celui des petits biscuits. Parce que, des fois, il y a une dame là-bas devant une table. Et elle nous fait goûter des biscuits à maman et à moi, et on ne les paie même pas.

Je crois bien que ça s'appelle des gratuits, comme biscuits.

Mais ce samedi-là, c'était trop dommage pour moi parce que la dame n'était pas là.

— Mince, ai-je dit parce que j'étais très déçue. Pas de dame aux gratuits !

Maman m'a fait un sourire.

— Ce n'est pas grave, Suzie-B. Dès que nous serons rentrées, nous ferons nos gâteaux pour la Journée des Grands-Parents, tu te souviens ? Ce sera amusant, non ?

J'ai fait bouger mes épaules en haut et en bas.

J'étais encore fâchée parce qu'elle ne voulait même pas m'emmener chez ma maîtresse, bien sûr.

— Qu'est-ce que tu veux faire comme genre de gâteaux ? m'a demandé maman.

Je l'ai regardée avec les sourcils très froncés.

— D'abord, je n'ai même plus envie de faire des gâteaux ! lui ai-je répondu. Parce que tu ne veux pas m'emmener dans la maison de Madame !

Maman m'a toute décoiffée.

— Être en colère n'y changera rien, Suzie-B. ! Alors maintenant, tu veux choisir la préparation des gâteaux ou bien c'est moi qui le fais ?

Alors maman a pris des boîtes et elle me les a données. Et moi, je les ai jetées au fond du Caddie.

— Merci ! a dit maman.

— Pas de rien ! ai-je répondu.

Après, maman m'a emmenée dans un coin tranquille du magasin. Et on a eu une petite conversation, elle et moi.

Une *petite conversation*, c'est quand maman est furieuse contre moi. Alors elle me demande : « Dis donc, mademoiselle, pour qui tu me prends ? » Et elle me demande aussi combien de temps je crois qu'elle va supporter ça.

Et puis il faut toujours que je lui fasse une *scuse*.

Une *scuse*, c'est quand je dois dire *Pardon*.

Sauf qu'on peut le dire sans en avoir envie dans sa tête. Parce que personne ne peut savoir ce qu'on pense en vrai !

Après la petite conversation, on est retournées dans les rayons.

— On continue ? m'a demandé maman.

Et elle m'a donné une autre boîte de préparation de gâteaux, et je l'ai posée très doucement dans le Caddie.

— Voilà qui est mieux ! a dit maman. Merci !

« Pas de rien ! » ai-je répondu, dans ma tête.

Et puis, ça m'a fait sourire. Parce que maman ne peut même pas entendre ce que je me dis là-dedans !

Après ça, on a tourné au fond du magasin. Et j'ai vu ce que je préfère par-dessus tout !

Une fontaine d'eau fraîche !

— Eh ! C'est que j'ai soif, moi !

J'ai couru jusqu'à la fontaine et je suis montée sur la petite marche.

— Tu veux que je t'aide ? m'a proposé maman.

— Non ! ai-je répondu. J'ai bientôt cinq ans trois quarts, figure-toi ! Alors je sais très bien comment ça marche, ces machines-là. Et puis je sais encore un truc. C'est qu'il faut pas mettre sa bouche contre le robinet. Sinon, les microbes, ils nous rentrent dedans, et hop ! on meurt !

J'ai eu un sourire très fier.

— C'est Pauline Paillet qui me l'a dit ! ai-je expliqué à maman.

Et puis j'ai penché la tête sous la fontaine. Et j'ai bu très longtemps.

— Dépêche-toi, Suzie-B., a grogné maman. J'ai des courses à faire...

Je me suis essuyé la bouche avec ma manche.

— Oui ! Seulement, moi, je ne peux pas me dépêcher ! Sinon je vais avoir mal au ventre et ça va me faire cracher de l'eau. Parce qu'il y a un garçon qui s'appelle Guillaume qui a fait ça dans la cour, hier !

Maman a regardé sa montre.

— Bon... d'accord... Je vais au rayon des céréales, juste là... Rejoins-moi dès que tu auras fini !

— D'ac ! D'acco-d'ac ! ai-je répondu, très contente.

Puis je me suis tournée pour boire, boire... jusqu'à plus soif.

Sauf que je commençais à ne pas me sentir très bien. Alors je me suis assise sur la petite marche.

C'est à ce moment-là que la grande porte du magasin s'est ouverte.

Et vous savez quoi ?

Mes yeux, ils sont presque sortis de ma tête, voilà !

Parce que j'ai vu un truc incroyable !

Et ce truc, il s'appelle Madame !

Ma maîtresse à moi entrait dans le même magasin que nous !!!

5

Un petit peu malade...

Madame ne m'a pas aperçue.

C'est parce que je me suis cachée drôlement vite derrière la fontaine.

Et vous savez quoi ?

Il y avait un *homme* avec elle !

Et je l'avais jamais vu avant !

— Eh ! Mais qui ça peut bien être ? ai-je dit tout haut à personne.

J'ai couru aussi rapidement que j'ai pu jusqu'au rayon des céréales, pour dire à maman ce que j'avais observé.

Et puis, tout d'un coup, je me suis rappelé que maman m'avait dit de ne plus espionner. J'allais peut-être me faire gronder...

C'est pour ça que j'ai arrêté de courir. J'ai même envisagé de faire demi-tour pour surveiller Madame encore un peu. Manque de chance, maman m'avait déjà repérée.

— Ouh ! Ouh ! Suzie-B. ? Où vas-tu comme ça ? m'a-t-elle appelée. Viens ici !

— Oui ! Mais je peux pas venir tout de suite ! ai-je expliqué. Parce que je viens de me souvenir de quelque chose de très, très important : j'ai pas fini de boire !

Je suis retournée à toute allure à la

fontaine. Seulement, Madame et le drôle de monsieur étaient partis.

— Zut ! Où ils sont passés, ces espèces de rigolos ?

Après, j'ai été obligée de les chercher dans tout le magasin.

D'abord, j'ai regardé là où il y a le chocolat au lait. Après, j'ai regardé là où il y a les nouilles et la sauce tomate. Et puis j'ai aussi regardé où il y a tous les bonbons délicieux.

Devinez où je les ai trouvés ?

Où il y a ces dégoûtants de légumes, voilà !

Je me suis vite baissée et je me suis cachée derrière une grande caisse.

Et puis je les ai un peu espionnés en cachette.

J'ai vu Madame qui prenait des brocolis, beurrrrk!

Et des tomates pourries!

Et un concombre répugnant!

Sauf que là, le drôle de monsieur a pris le concombre dans leur Caddie et il l'a reposé dans le bac. Mais Madame l'a repris et elle a fait semblant de lui taper sur la tête avec. Et ils ont bien rigolé tous les deux.

Mais alors, il s'est passé quelque chose de terrible.

Madame et le drôle de monsieur, ils se sont fait un gros bisou sur la bouche!

Comme ça! Devant tout le monde!

Moi, j'ai mis les mains sur mes yeux. Parce que j'avais honte, voilà pourquoi. Parce que les maîtresses,

elles ne devraient pas faire des bisous pareils !

Après, j'ai regardé un petit peu entre mes doigts. Et j'ai vu que Madame était devant le raisin.

Elle a pris une grappe de celui qui est vert, juste sur le dessus. Et elle a arraché des grains.

Et là, l'horreur absolue... Madame a mis les grains dans sa bouche !

Et elle les a MANGÉS !

MADAME a MANGÉ les GRAINS DE RAISIN !

Et elle ne les a même pas payés !

Je me suis sentie pas bien.

— Oh nooon... ai-je dit. Oh non, oh non...

Parce que manger, c'est la même chose que voler, vous vous souvenez ?

Et une maîtresse, ça ne doit pas voler ! Une maîtresse, ça ne doit rien faire de mal ! Parce qu'il faut qu'elle soit un *zample* pour les enfants !

Après ça, j'ai été un peu barbouillée dans mon ventre.

Parce que Madame n'a même pas été prise et que ça ne lui a pas donné une leçon.

Parce que personne n'a vu ce qu'elle a fait !

Ni le directeur du magasin.

Ni le drôle de monsieur.

Personne.

Personne… sauf moi !

6

Les lèvres super serrées !

Je n'ai pas rapporté. Je n'ai pas dit que Madame avait volé du raisin.

Parce que si je l'avais dit à maman, elle m'aurait grondée d'avoir espionné.

Et si je l'avais dit au directeur du magasin, Madame aurait été en prison.

Alors j'ai gardé ça bien caché dans ma tête. Parce que personne ne peut voir mes secrets dans ma tête.

Même si on me regarde dans les oreilles !

Dimanche, papy Jean et mamie Louise sont venus dîner à la maison. Mais je n'ai pas pu leur parler beaucoup.

Parce que les secrets s'échappent facilement si on parle trop. Et je ne voulais pas que mon secret à moi sorte de ma bouche sans faire exprès.

— Comment se fait-il que tu sois si silencieuse, ce soir, Suzie-B. ? m'a demandé ma mamie Louise pendant le dîner. Tu as mangé ta langue ou quoi ?

J'ai ouvert la bouche très grand.

— Comment on peut manger sa langue, mamie ? Est-ce qu'il faut

l'enlever d'abord ? Est-ce qu'il faut la couper en petits morceaux ou est-ce qu'on l'avale d'un coup ? Est-ce qu'on peut l'avaler sans faire exprès ?

Mamie Louise a fait la grimace. Et puis elle a arrêté de manger sa tranche de rôti.

Maman m'a regardée avec des yeux étonnés.

— Tu redeviens bavarde tout à coup ! Dois-je comprendre que tu n'es plus fâchée pour cette histoire de gâteaux ?

Alors je me suis souvenue qu'il ne fallait pas que je parle. Sinon mon secret risquait de sortir.

J'ai serré mes lèvres très, très fort.

Et vous savez quoi ? Le jour d'après, quand j'ai pris le car pour aller à l'école, mes lèvres étaient encore bien serrées !

— Bonjour, Suzie-B. ! m'a dit ma meilleure copine qui s'appelle Chloé.

Moi, je lui ai fait bonjour avec la main.

Mais Chloé a pris un air pas content.

— Pourquoi tu me dis pas bonjour ? Il *faut* dire bonjour ! C'est la règle !

Mais je n'ai rien dit quand même.

Alors elle m'a traitée d'andouille.

Et quand on est arrivées à l'école, elle a dit à Lucille que j'étais méchante. Et puis elles ont joué aux chevaux toutes seules.

Et pas moi.

C'est pour ça que je leur ai chanté :

— Moi, j'ai un super secret... nanana... et je vous l'dirai pas... nananère...

Juste après, Chloé a mis les mains sur ses hanches.

— Et alors ? a-t-elle crié. On s'en fiche ! Hein, Lucille ?

Sauf que Lucille est venue à toute vitesse. Parce que, elle, elle ne s'en fichait pas du tout.

— Si tu me dis ton secret, m'a-t-elle chuchoté, je serai ta meilleure copine…

— Oui ! Mais je ne peux pas, Lucille ! lui ai-je expliqué. Parce que si je te dis mon secret, Madame aura plein d'ennuis terribles ! Donc… il faut que je le garde dans ma tête !

Lucille a pris un air très fâché.

— Faut pas garder des secrets à l'intérieur de sa tête, Suzie-B. ! Mon frère dit que ça fait de la pression dans le cerveau ! Et qu'après, la tête… elle *splose* !

Mes yeux sont devenus tout grands pour mieux la regarder.

— Oh nooooon ! ai-je crié.

J'avais peur. Très peur. Aussi, je me suis tenu la tête bien fort avec mes mains et j'ai couru à l'infirmerie. Parce que l'infirmière, elle devait avoir des pansements pour empêcher la tête d'éclater.

— Ma tête va SPLOSER ! ai-je crié à l'infirmière. MA TÊTE VA SPLOSER !

Elle s'est levée drôlement vite de son bureau pour venir me voir. Elle m'a demandé :

— Qu'est-ce qu'il y a, Suzie-B. ? Tu as très mal à la tête ?

— Non, mais j'ai un *secret* qui fait mal ! C'est un secret sur Madame et je ne peux le dire à personne ! Et maintenant, ça fait de la pression dans mon cerveau et j'ai besoin d'un pansement... Sinon ça va *sploser* !

L'infirmière m'a dit de me calmer. Elle m'a mis un pansement sur la tête. Et puis, elle et moi, on est allées dans le bureau du directeur.

Le directeur, c'est comme ça qu'on appelle le chef de l'école.

Lui et moi, on se connaît déjà très bien.

C'est parce qu'on m'envoie tout le temps le voir. Et maintenant, je n'ai même plus peur de lui.

Le directeur m'a dit de m'asseoir sur une grande chaise en bois.

— Bonjour, Suzie-B. ! m'a-t-il dit. Quel est le problème aujourd'hui ?

— Bonjour… ai-je répondu. Ma tête va *sploser* !

Le directeur a fait des petits yeux. Et il m'a demandé :

— Qu'est-ce qui te fait croire que ta tête va exploser ?

Je me suis un peu tortillée sur ma chaise en bois et j'ai répondu :

— Parce que j'ai un secret enfermé dedans ! C'est pour ça !

Le directeur s'est assis derrière son bureau. Il a croisé les mains et il a dit :

— Peut-être que je pourrais t'aider, si tu me dis ton secret ?

— Oui… mais je ne peux pas !

Le directeur m'a regardée avec un air très déçu.

— Moi qui croyais qu'on était copains, tous les deux... a-t-il ajouté.

— C'est vrai ! ai-je dit. Même que j'ai plus peur de vous !

Le directeur a rigolé.

— Bon ! C'est parfait ! Alors... dis-moi ce qui t'embête ?

Il ne m'avait même pas écoutée !

— J'ai dit que je ne peux pas parler ! ai-je répété. Parce que si je parle, je pourrais dire sans faire exprès que ma maîtresse a volé du raisin au supermarché. Et alors elle pourrait aller en prison ! Et c'est pour ça que je garde mon secret dans ma tête. Voilà !

J'ai tiré sur ma jupe et j'ai annoncé :

— Fini !

Et puis j'ai serré mes lèvres très fort. Pour que mon secret ne se sauve pas !

Seulement, vous savez quoi ?

Je crois qu'il est déjà sorti !

7

Du raisin vert...

Dans l'interphone, le directeur a demandé à ma maîtresse de venir dans son bureau.

Mais je ne savais pas qu'il allait faire une méchanceté pareille.

C'est pour ça que j'ai dû remonter ma jupe par-dessus ma tête. Sinon Madame allait me voir. Et elle saurait que j'avais rapporté sur elle.

— Ne fais pas ça ! m'a dit le directeur.

— Oui… mais j'ai le droit ! ai-je répondu sous ma jupe. Parce que j'ai mes nouveaux collants rouges en laine !

Après ça, il est sorti de son bureau. Et j'ai entendu sa voix qui parlait à celle de ma maîtresse derrière la porte.

Alors je suis descendue en hâte de la grande chaise en bois. Et je me suis cachée sous le bureau du directeur. Parce que j'avais peur de ce qui allait m'arriver. C'est pour ça !

Je n'ai pas bougé pendant plein de minutes.

Et puis j'ai entendu des pieds qui revenaient tout près de moi. Et je n'ai plus fait de bruit, même pour respirer…

— Suzie ? Suzie-B. Joly ? a appelé le directeur.

— Peut-être qu'elle se cache, a dit Madame. Elle est très forte à ce jeu-là, vous savez !

Il fallait que je trouve quelque chose très vite. Sinon ils allaient me chercher.

— Ouiiiii ! ai-je dit avec une voix horrible exprès. Seulement, Suzie-B. Joly ne se cache paaas… Elle est partie chez elle ! Maiiiis… n'appelez pas sa maman ! Sinon elle va se mettre en colère ! Et elle vous cassera la tête !

Après ça, des pieds ont fait à toute allure le tour du bureau. C'était le directeur. Il m'a crié dessus :

— Sors de là tout de suite, jeune fille !

Je l'ai regardé par dessous.

— D'accord…

Et puis j'ai dû remonter sur la grande chaise en bois. Et Madame s'est assise à côté de moi. Mais moi, je l'ai pas regardée.

— Bonjour, Suzie-B… m'a-t-elle dit avec une voix gentille.

J'ai avalé ma salive.

— Je crois que toi et moi, on a besoin d'avoir une petite conversation…

Alors un peu de mouillé est venu dans mes yeux. Parce qu'une petite conversation, ça voulait dire qu'on allait encore me gronder.

— Oui... mais j'ai essayé de ne pas rapporter sur vous... me suis-je empressée de dire. Parce que je ne voulais pas qu'on vous mette en prison à cause du raisin que vous avez volé. Alors j'ai gardé le secret dans ma tête, moi. Et j'en ai pas parlé. Ma mamie Louise, elle a même cru que j'avais mangé ma langue coupée en petits morceaux... Mais, aujourd'hui, Lucille a dit que ma tête allait *sploser*. Et c'est pour ça que j'ai couru chez l'infirmière pour qu'elle me mette un sparadrap. Alors, elle m'a emmenée chez le directeur. Et mon secret, il est sorti de ma bouche sans faire exprès…

Madame m'a essuyé les yeux avec un mouchoir en papier.

— Tout va bien, Suzie-B. ! m'a-t-elle consolée. Tout va bien ! Je ne suis pas fâchée contre toi. Il faut juste que je sache ce que tu m'as vue faire au supermarché. Tu peux me dire ce que tu as vu ?

Et puis elle a dit le mot *et-que-zaquetement*.

J'ai pris ma voix la plus fluette :

— Je vous ai et-que-zaquetement vue prendre les grains de raisin. Et ne pas les payer au directeur du magasin. Et les mettre dans la bouche et les manger... Et je crois bien que c'est ça qui s'appelle voler...

Après, moi, je me suis recachée sous ma jupe.

— Tu n'as pas à te cacher, Suzie-B., m'a dit Madame. C'est *moi* qui devrais me cacher ! C'est *moi* qui ai pris le raisin !

J'ai regardé un petit peu par-dessus ma jupe.

Alors Madame m'a fait un sourire. Et elle m'a tout expliqué :

— Il y a quinze jours, j'ai acheté du raisin dans le même magasin. Mais quand je suis arrivée à la maison, je me suis aperçue qu'il était tellement vert que personne ne pouvait en manger ! Alors, cette semaine, quand nous sommes retournés au supermarché, mon mari et moi, je me suis dit que j'allais être plus maligne et en goûter un ou deux grains avant d'en acheter !

J'ai levé mes sourcils.

— On a le droit ? ai-je demandé tout doucement.

— Non, a-t-elle répondu. On n'a *pas* le droit ! J'aurais dû parler de mes raisins trop verts au directeur du magasin. Et puis j'aurais dû lui demander la permission de goûter ceux de cette semaine. Mais je ne l'ai pas fait. Et tu as eu tout à fait raison de t'inquiéter quand tu m'as vue manger du raisin sans payer !

— C'est vrai ?

Madame m'a refait un sourire.

— Bien sûr que c'est vrai ! Ça montre que tu sais reconnaître ce qui est bien et ce qui est mal ! Et ça montre aussi que les maîtresses peuvent commettre des erreurs… comme tout le monde ! Les maîtresses ne sont pas parfaites, Suzie-B. *Personne* n'est parfait !

Après, j'ai senti du soulagement à l'intérieur de moi. Parce que je n'avais plus de secret dans ma tête, moi. C'est pour ça !

— Oui ! ai-je dit toute contente. Et vous savez ce que j'ai vu encore ? Je vous ai vue faire un gros bisou sur la bouche à un drôle de monsieur ! Et c'était en plein devant tout le monde ! Seulement personne ne sait que j'étais en train d'espionner. Parce que je n'ai pas le droit. Mais ma mère, pff ! elle ne le saura jamais !

Et j'ai fait un sourire très fier de moi.

Sauf que Madame n'a pas souri.

Et le directeur non plus.

Parce que vous savez quoi ?

C'est encore un secret qui venait de sortir !

C'est pour ça.

8

Le Jour des Grands-Parents !

Madame est retournée dans ma classe numéro neuf. Parce qu'il y a eu la sonnerie, évidemment.

Mais le directeur ne m'a pas laissée partir.

Il a dit que je devais rester sur la chaise en bois.

Et puis il a appelé maman au téléphone. Et il lui a tout raconté pour le supermarché. Et aussi que j'avais espionné en secret.

Le directeur, c'est un cafard.

Après, maman a dit qu'elle voulait me parler. Seulement, quand je lui ai dit bonjour, elle, elle ne m'a pas répondu bonjour.

Elle m'a répondu qu'elle n'était pas contente de moi, mademoiselle ! Que quand elle me disait de ne plus espionner, ça voulait dire ne plus espionner ! Et qu'on reparlerait de tout ça après son travail !

Et puis maman a dit qu'elle ne voulait plus recevoir de coup de fil du directeur. Est-ce que c'était bien compris ? Oui ?

J'ai regardé le directeur.

— Ma maman vous dit de ne plus l'appeler ! ai-je dit.

Alors, maman a grogné dans le téléphone, mais je ne sais pas pourquoi.

Après, on a raccroché toutes les deux et le directeur a dit que je pouvais retourner dans ma classe numéro neuf. Alors j'ai couru drôlement vite.

Seulement, quand je suis arrivée, c'était trop tard pour chanter la première chanson du matin.

Je me suis juste assise à ma table et c'est tout.

Et j'ai montré mon pansement à Lucille.

— T'as vu ? Ma tête n'a pas éclaté ! lui ai-je dit, très contente.

— Dommage ! a rigolé un garçon que je déteste qui s'appelle Valentin.

Je lui ai montré mon poing.

C'est comme ça qu'on a commencé la bagarre.

La *bagarre*, c'est comme ça qu'on dit à l'école quand on déchire la chemise de quelqu'un sans faire exprès.

Seulement, vous savez quoi ? Je ne me suis même pas fait gronder !

Parce que, juste à ce moment-là, les grands-parents sont arrivés dans ma classe numéro neuf pour le Jour des Grands-Parents !

— Eh ! Voilà les miens ! ai-je hurlé tellement j'étais énervée. C'est mon papy ! Là ! Celui qui a la tête toute chauve !

— Je vois le mien ! a dit une fille qui s'appelle Charlotte.

— Le mien aussi ! a dit mon amoureux qui s'appelle Ricardo.

Et puis une grand-mère avec des cheveux blonds est arrivée. Elle avait des ongles rouges drôlement longs. Et des boucles d'oreilles qui pendaient avec des pierres précieuses qui brillent dessus.

— C'est ma mamy ! a crié Lucille.

Je lui ai fait un sourire et je lui ai dit :

— Wahou ! On dirait qu'elle est super riche, la tienne, Lucille ?

Après ça, il y a une autre grand-mère qui est entrée. Une qui s'est précipitée sur ce Valentin que je déteste. Et elle a voulu lui faire un gros bisou.

Seulement, cet idiot de Valentin est resté planté comme un piquet. Et il ne lui a même pas fait son bisou.

Alors j'ai tiré sa mamie par sa veste et j'ai dit :

— Moi, je vais vous en faire un !

Et on s'est fait un câlin, elle et moi.

— Je le déteste, votre Valentin ! lui ai-je dit très gentiment.

À ce moment-là, Madame a tapé très fort dans ses mains. Et elle a demandé aux grands-parents de s'asseoir au fond de la classe.

Et puis nous, les enfants, on a parlé de ce qu'on fait à l'école.

— On s'amuse bien, ici, a raconté ma meilleure copine Chloé. On apprend à compter. Et à lire. Et à nous laver les mains quand on est allés aux toilettes.

— Et on apprend la récréation... la cantine... et le dessin! a ajouté Ricardo.

— Le dessin, c'est ce que je préfère! ai-je crié. Seulement, on n'a pas accroché ma dernière peinture! Parce que j'avais fait un cheval mais

sa tête ressemblait trop à une saucisse pas cuite. J'ai été obligée de le déchirer et aussi de le piétiner avec mes chaussures !

Alors, cet imbécile de Valentin m'a fait le signe que j'étais toc-toc !

Et il a fait ça devant tous les grands-parents !

— Oui… mais tout le monde peut faire des erreurs ! lui ai-je répondu. Hein que c'est vrai, Madame ? Hein ? Même les maîtresses ! Parce que vous aussi, au supermarché, samedi, vous avez embrassé un monsieur sur la bouche, hein ? Et après, vous avez volé du raisin ? Hein que c'est vrai ?

La tête de Madame est devenue toute bizarre. Et puis ses joues sont devenues rouges. Et puis sa voix est devenue muette.

— Pourquoi vous ne dites rien, Madame ? ai-je crié. Est-ce que vous

avez avalé votre langue coupée en petits morceaux ?

À ce moment-là, mamie Louise a éclaté de rire au fond de la classe.

Et puis j'ai entendu mon papy rire aussi.

Et bientôt, plein d'autres grands-parents ont rigolé.

— Eh ! On s'amuse drôlement bien dans cette classe ! ai-je crié.

Après ça, Madame était moins rouge.

On a sorti le buffet. Papy Jean m'a aidée à disposer mes petits gâteaux sur un plat.

Ma maîtresse a fait une *claration* à toute la classe numéro neuf. Elle a dit que les enfants devaient prendre deux gâteaux chacun et pas plus.

Sauf que moi, j'ai mangé quatre délicieux gâteaux au chocolat. Et personne ne m'a vue!

Mais ça ne s'appelle pas voler.

Ça s'appelle du rab!

Après le buffet, les grands-parents ont dû rentrer chez eux. Alors j'ai embrassé très fort mon papy et ma mamie.

Et puis j'ai fait un bisou aussi à la grand-mère de cette andouille de Valentin.

Et aussi à la mamy super riche de Lucille.

— J'aime bien vos boucles d'oreilles qui brillent! lui ai-je dit.

Alors Madame a vu que j'étais bien polie et elle m'a fait un grand sourire.

Madame a les dents très blanches.

Elles sont comme les dents de papy Jean. Sauf que Madame ne peut pas enlever les siennes… enfin, je ne crois pas.

L'ennui, c'est que je ne peux pas en être complètement sûre.

Et vous savez quoi ?

J'ai toujours très envie de me cacher dans son panier de linge sale.

Voilà !

Dans la même collection

Suzie la chipie

1. Mon tout premier jour d'école
2. Le drôle de ouistiti
3. La pipelette bavarde
4. L'espionne en cachette
5. La mauvaise perdante
6. L'anniversaire de cet idiot de Valentin
7. Oh ! l'amoureuse !

Composition : Francisco *Compo*
61290 Longny-au-Perche

Impression réalisée sur Presse Offset par

BRODARD & TAUPIN

GROUPE CPI

La Flèche (Sarthe), le 31-01-2005
N° d'impression : 27336

Dépôt légal : mai 2004
Suite du premier tirage : février 2005

Imprimé en France

POCKET jeunesse
12, avenue d'Italie • 75627 PARIS Cedex 13
Tél. : 01.44.16.05.00